Publicado en Barcelona, España.

Primera edición. Marzo 2015
Segunda edición. Junio 2015
Tercera edición. Septiembre 2015
Cuarta edición. Diciembre 2015
Quinta edición. Mayo 2016
Sexta edición. Octubre 2016
Séptima edición. Enero 2017
Octava edición. Junio 2017
Novena edición. Enero 2018
Décima edición. Julio 2018
Undécima edición. Febrero 2019
Duodécima edición. Septiembre 2019
Decimotercera edición. Enero 2020
Decimocuarta edición. Octubre 2020
Decimoquinta edición. Marzo 2021
Decimosexta edición. Septiembre 2021
Decimoséptima edición. Junio 2022

Historias narradas por Joan G. Angurell
Ilustraciones por Jonatan Mira Bertral
Maquetación y diseño gráfico por Latido Creativo

Editor general: Joan G. Angurell
ISBN: 978-84-608-2699-6

Impreso en Taiwan

Para

de

fecha:

Para *Blanca y Anna,*
Vuestra ilusión y vuestras sonrisas al contaros cada noche una porción de este maravilloso libro han inspirado este proyecto.

índice

A los padres .... pág. **10**
Para ti, pequeño lector .... pág. **12**

Introducción
Al Antiguo Testamento .... pág. **14**
Al Nuevo Testamento ....pág. **180**

Pág. 16
La creación

Pág. 24
Adán y Eva

Pág. 32
La historia de Noé

Pág. 46
La torre de Babel

Pág. 50
La historia de Abraham

Pág. 60
Isaac y Rebeca

Pág. 64
Jacob

Pág. 70
José, el que soñaba

Pág. 94
Moisés: El libertador

Pág. 116
Josué: un guerrero valiente

Rut y Noemí

David:
De pastor a Rey

Salomón:
El rey sabio

Elías y Eliseo

Ester. La reina
audaz

Daniel:
Un siervo de Dios

Jonás y el
gran pez

El nacimiento
de Jesús

La vida de Jesús

Jesús está muerto

La misión
de los discípulos

Pablo, el misionero

A los padres

No… No es un simple libro. Es el LIBRO.

La Biblia es, ha sido y será el libro con mayor influencia en la historia de la Humanidad. Ningún otro libro ha contribuido de forma tan sobresaliente como la Biblia en el arte, la cultura y la sociedad occidental.

Esta recopilación de historias bíblicas que tiene en la mano pretende ser un acercamiento sencillo, pero certero, de las principales enseñanzas y narraciones de la Biblia a los más pequeños.

Tome un tiempo para estar con ellos y explicarles las historias que en este libro encontrará. Anímeles a leer con usted. En esta Biblia encontrará preguntas al final de cada historia, formúleselas y entable un diálogo con él.

La Biblia es el libro más extraordinario jamás escrito. El libro que Dios dio a los hombres y que narra la historia de la salvación. Esperemos que su hijo pueda disfrutar de esta increíble aventura que Dios le da.

Joan G. Angurell

BIBLIA
BIBLIA

Para ti, pequeño lector:

¿Te gustan las aventuras?

Pues agárrate fuerte, porque estás a punto de vivir la mayor aventura de tu vida.

En estas páginas vas a leer cómo se creó el mundo. Verás serpientes malvadas, navegarás en barcos gigantes repletos de animales, cabalgarás en camellos entre pirámides, conocerás tierras dónde mana leche y miel, contemplarás a faraones y a princesas, 10 plagas asolarán magníficos templos, verás pequeños pastores matando a horrendos gigantes y a reyes sabios que imparten justicia. Y también a monarcas crueles.

Conocerás lo que es la amistad y el amor. Verás milagros, y carros de fuego, y leones hambrientos en un foso espeluznante. Peces enormes que se comen a personas para luego escupirlas.

Y lo más importante... Lo conocerás a Él. A Jesús de Nazaret. El Hijo de Dios que vino a dar una nueva esperanza al mundo. Contemplarás su nacimiento en un pesebre. Lo verás crecer, ser justo y bueno con todos, realizar milagros y contar maravillosas historias. Y verás lo que hizo por ti. El mayor de los favores que nadie te ha hecho. Pero no te adelanto más... para vivir todas estas aventuras, deberás girar las páginas de este libro y adentrarte en sus maravillosas historias.

BIBLIA
BIBLIA

Antiguo Testamento

El Antiguo Testamento

es la primera parte de la Biblia.

En él se nos explica cómo Dios creó
el mundo y todo lo que hay en él: El Sol,
la luna, las estrellas, los mares, los árboles
y todos los animales. Y sí, también creó
a las personas como tú y como yo.

¿Sabías que lo creó todo perfecto?
Pero el hombre desobedeció a Dios,
y a partir de allí las cosas fueron mal.
Cada vez peor...

En los libros del Antiguo Testamento conocerás las historias de Noé o la Torre de Babel. Sabrás quiénes fueron los patriarcas. Y te presentaremos a un joven que tenía sueños y se cumplían. Verás a un Faraón muy malo y cómo Dios usó a un hombre que se llamaba Moisés para liberar a su pueblo de la esclavitud. Un joven pastor se convertirá en rey, no sin antes vencer a un terrible gigante. Contemplarás los milagros de los profetas Elías y Eliseo. Y a un hombre que prefirió ser devorado por fieras a no desobedecer a Dios.

Y muchas, muchas historias más que descubrirás, muy pronto, si sigues leyendo.

El primer día
(Génesis 1:1-2)

En el principio
sólo había oscuridad
y la tierra estaba vacía.
¡Pero Dios iba a hacer
algo maravilloso!

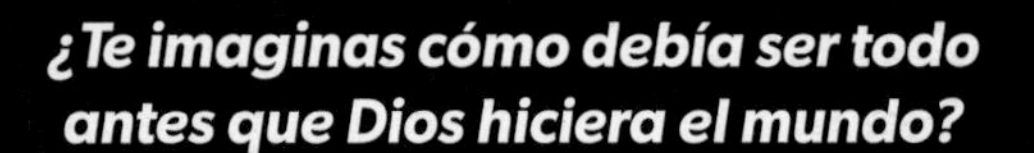

El primer día

(Génesis 1:3-5)

En el primer día Dios
separó la luz de la oscuridad.
Y llamó a la luz día
y a la oscuridad noche.

¿Sabías que fue Dios quién creó la luz?

El segundo día

(Génesis 1:6-8)

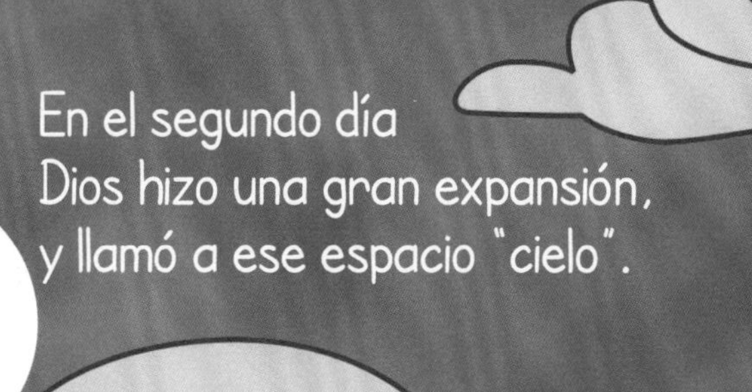

En el segundo día
Dios hizo una gran expansión,
y llamó a ese espacio "cielo".

¿Te gusta mirar el cielo? ¡Dios lo creó para ti!

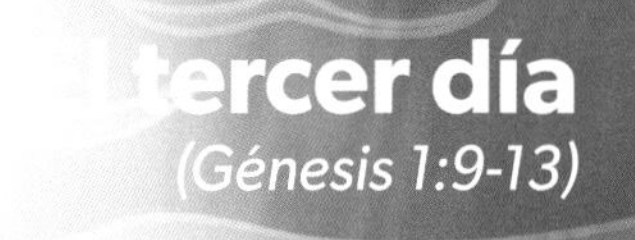

tercer día

(Génesis 1:9-13)

En el tercer día
Dios creó los mares,
las montañas,
los árboles, la hierba,
las flores y las playas.

La próxima vez que vayas a la playa o a un río...
Recuerda que Dios los hizo.

El cuarto día

(Génesis 1:14-19)

En el cuarto día Dios puso el Sol para el día y la luna y las estrellas para la noche.

Cuando sea de noche, mira hacia el cielo. ¿Ves todas las estrellas? ¡Hay muchísimas! Dios las hizo con sus manos.

El quinto día

(Génesis 1:20-23)

Y en el quinto día
¡Dios puso en el cielo
todo tipo de pájaros!

y en los mares,
peces, ballenas,
tiburones, tortugas...

***De los animales que hay en el cielo o en el mar
¿Cuál es tu favorito?***

El sexto día

(Génesis 1:24-31)

Y en el sexto día Dios creó a los animales de la tierra:

Osos, monos, jirafas, coalas, ratones... ¡Todos los hizo Dios!

¿Y de los animales que hay en la tierra, cuál te gusta más?

Dios crea al hombre

Y finalmente, también en el sexto día, Dios creó al primer hombre que se llamó Adán y de su costilla creó a la primera mujer que fue Eva.

¿Cómo te imaginas que eran Adán y Eva?

Adán y Eva

(Génesis 2:1-5)

A Adán y Eva los puso en medio del jardín del Edén con toda la creación. Y vio Dios que todo lo que había hecho era bueno. Así que al séptimo día descansó.

¿Cómo crees que debía ser el jardín del Edén?

El árbol prohibido

(Génesis 2:16-17)

Dios les dijo a Adán y Eva, que podían comer de cualquier fruto del Huerto, excepto de un árbol que se llamaba: "El árbol de la ciencia del bien y del mal". ¡De ese árbol no debían comer o les pasarían cosas muy malas!

¿Crees que Adán y Eva le hicieron caso a Dios?

El engaño de la serpiente

(Génesis 3:1-5)

Pero el diablo,
que era muy malo,
se disfrazó de serpiente
y le dijo a Eva:
¡Come del fruto del árbol prohibido,
que no te pasará nada!

¿Era verdad lo que decía la serpiente?

Una decisión trágica

(Génesis 3:6-19)

Adán y Eva
desobedecieron a Dios
y comieron del fruto que Dios
les había prohibido.
¡Qué gran error!

¿Sabes que desobedecer a Dios siempre tiene consecuencias malas?

Cuando Dios los llamó
sintieron mucha vergüenza
porque sabían que habían hecho
algo muy malo.

¿Cómo crees que se sintió Dios cuando Adán y Eva no le hicieron caso?

Expulsados

(Génesis 3:8-24)

Dios se puso muy triste
y como era justo tuvo que expulsar
a Adán y Eva del Huerto del Edén.
A partir de ese momento
iban a sufrir mucho
separados de Dios.

¿Sabes que siempre que desobedecemos a Dios, Él se pone muy triste?

Noé en medio de gente mala

(Génesis 6:1-8)

Al cabo de un tiempo, la gente se había vuelto muy mala en la tierra... Pero había un hombre que se llamaba Noé que era muy bueno y estaba muy preocupado.

¿Cómo se sentía Noé en medio de gente tan mala?

Construyendo un gran barco

(Génesis 6:9-16)

¿Qué harías si Dios te mandara construir un gran barco?

Dios le dijo a Noé que construyera un gran barco. Y Noé lo hizo. La gente mala se reía de él, y le decían que estaba loco porque allí no había ningún mar para navegar.

Dos animales de cada

(Génesis 6:17-22; 7:14-16)

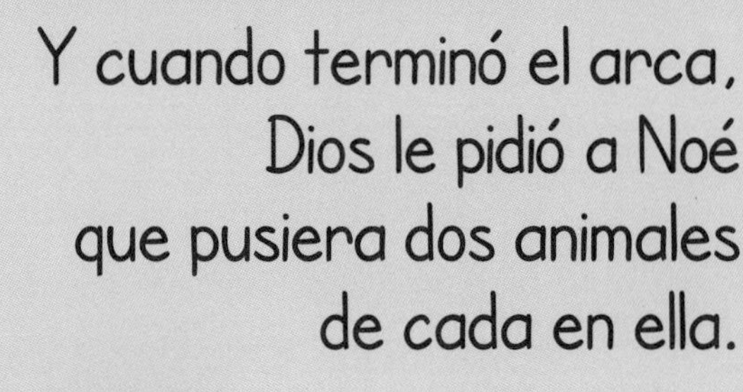

Y cuando terminó el arca,
Dios le pidió a Noé
que pusiera dos animales
de cada en ella.

¿Te puedes imaginar lo grande que era el arca para que pudieran entrar tantos animales?

El gran diluvio

(Génesis 7:17:-18)

¿Te hubiera gustado estar dentro del arca?

Y cuando Noé con su familia y dos animales de cada estuvieron dentro del arca, empezó a nublarse. Y llovió, y llovió, como nunca antes ni después ha vuelto a llover.

¡Sólo hay agua!
(Génesis 7:19-24)

Y llovió tanto, que toda la tierra quedó inundada de agua, y sólo se salvaron los que había en el arca. Y estuvo lloviendo durante 40 días y 40 noches. Pero en el arca todos estaban a salvo.

¿Qué debían hacer tantos animales dentro del arca durante 40 días?

La paloma

(Génesis 8:8-14)

Al cabo de 40 días Noé dejó salir a una paloma del barco para ver si ya había tierra seca en algún lugar.

¿Crees que Noé se puso contento cuando vio que la paloma volvía con una rama de olivo?

Saliendo del Arca *(Génesis 8:15-22; 9:8-17)*

Y el arca llegó a un monte y Noé, su familia y todos los animales salieron del arca. Y Dios hizo un pacto con Noé que no habría otro diluvio así. Y puso en el cielo un arco iris para demostrarlo.

¿Has visto alguna vez un arco iris? ¡Cada vez que veas uno, acuérdate de la historia de Noé!

La gran torre

(Génesis 11:1-8)

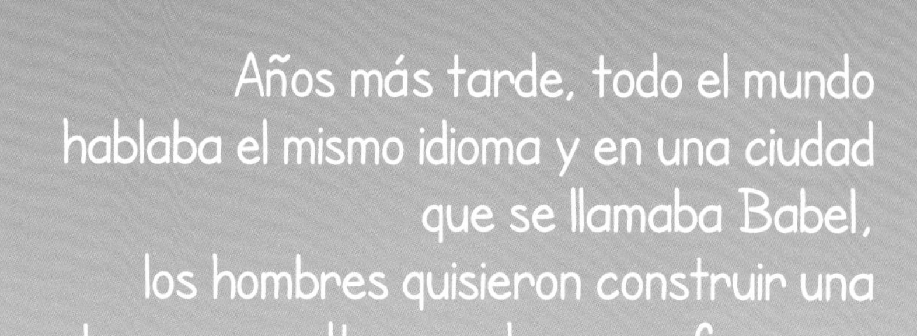
Años más tarde, todo el mundo hablaba el mismo idioma y en una ciudad que se llamaba Babel, los hombres quisieron construir una torre muy alta para hacerse famosos.

¿Crees que los hombres de Babel se equivocaron al querer hacer una torre tan alta?

Pero Dios se enfadó e hizo
que hablaran diferentes
idiomas y como no se
entendían se pelearon,
y no pudieron terminar
la torre.
¿Conoces a gente
que habla otros idiomas?

Abraham: El amigo de Dios

(Génesis 12-22)

Abraham fue un hombre bueno y Dios lo llamó su amigo.
Dios le prometió que su familia sería más numerosa que todas las estrellas del cielo y toda la arena del mar.

¿Quieres conocer su historia?

Abraham sale de su tierra

(Génesis 12:1-5)

52

Dios mandó a Abraham
que saliera de su tierra, porque lo
iba a llevar a un nuevo lugar.
Así que se marchó de su pueblo
con su mujer, su sobrino Lot
y sus sirvientes.

¿Sabes que Abraham salió de su pueblo, porque Dios le dijo que le daría una tierra mejor?

La tierra prometida

(Génesis 13:14-15)

Abraham llegó a una tierra que se llamaba Canaán y Dios le dijo que toda esa tierra sería para él y su familia.

¿Cómo te imaginas que era la tierra que Dios dio a Abraham?

Abraham y Lot se separan

(Génesis 13:1-18)

Abraham y su sobrino
decidieron separarse.
Cada uno iría
por un camino diferente.
Así no se pelearían.

***¿Crees que hicieron bien
Abraham y Lot al separarse?***

El hijo que no llega

(Génesis 15:1-3)

Abraham estaba preocupado. Dios le había prometido tener una gran familia. ¡Pero ya era viejo y no tenía ningún hijo!

¿Cómo iba a tener una gran familia si no tenía hijos?

Los tres misteriosos visitantes

(Génesis 18:1-8)

Un día, mientras Abraham estaba sentado en su tienda, lo vinieron a ver tres personas muy especiales y Abraham les dio de comer.

¿Quiénes crees que eran esos tres hombres?

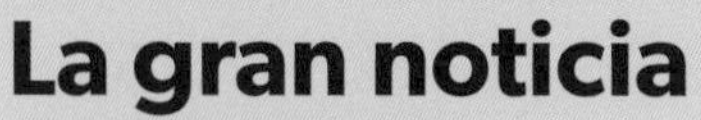

La gran noticia

(Génesis 18:9-15)

Cuando acabaron de comer, uno de los hombres le dijo a Abraham que él y Sara iban a tener un bebé. Y Sara se rio mucho. ¡Tenían más de 100 años!

¿Sabes que para Dios no hay nada imposible?

Nace Isaac

(Génesis 21:1-7)

Pero las promesas de Dios siempre se cumplen. Y al cabo de un año les nació un bebé y le pusieron por nombre Isaac, que significa risa. ¡Ese niño haría que Abraham fuera el padre de una gran nación!

¿Sabes que lo que Dios nos promete siempre se cumple?

Rebeca

(Génesis 24:1-20)

Años más tarde Isaac se hizo mayor,
y Abraham mandó a un criado para que le buscara una mujer de su pueblo.
El criado encontró a la chica perfecta para Isaac, dando de beber a sus camellos, se llamaba Rebeca.

Rebeca ayudó al criado de Abraham. ¿Tú ayudas a la gente? ¿Cómo?

Isaac y Rebeca se casan

(Génesis 24:62-67)

¿Crees que Rebeca estaba contenta al casarse con Isaac?

Isaac le pidió a Rebeca que se casara con ella, y Rebeca aceptó. Y tuvieron dos hijos gemelos: Esaú, el mayor y Jacob el menor.

Un potaje por la herencia

(Génesis 25:27-34)

Cuando fueron mayores, Esaú volvió de cazar con mucha hambre y Jacob le dijo que le daría potaje a cambio de que le diera sus derechos como hijo mayor.
Y Esaú tenía tanta hambre que aceptó.

¿Piensas que Esaú fue listo al vender sus derechos de hijo mayor?

El gran error de Esaú

(Génesis 27:1-37)

Al cabo de un tiempo Esaú se dio cuenta de su gran error. ¡Jacob se quedó con todo lo que debía haber tenido él como hermano mayor! Esaú, entonces, se enfadó mucho y Jacob tuvo que huir lejos.

¿Hizo bien Esaú al enfadarse tanto?

La escalera de Jacob

(Génesis 28:10-18)

66

Jacob tuvo que dormir varias noches en el desierto, usando piedras como almohada. Una noche soñó con una escalera en la que iban bajando y subiendo ángeles. Dios le estaba diciendo que lo ayudaría en todo.

¿Sabes que Dios siempre está dispuesto a ayudarte en todo?

La lucha de Jacob

(Génesis 32:22-32)

En otra ocasión
un ángel de Dios se apareció
a Jacob y luchó con él.

***¿Sabías que Jacob se quedó cojo
después de luchar contra el ángel de Dios?***

José el soñador *(Génesis 37:1-8)*

¿Tienes hermanos? ¿Cómo se llaman?

Jacob tuvo doce hijos. Pero de los doce su preferido era José. José tenía sueños que después se cumplían. Una noche tuvo un sueño en el que sus hermanos se arrodillaban frente a él, cuando se lo contó a sus hermanos, ellos se enfadaron mucho.

La túnica de José

(Génesis 37:3-4)

Un día Jacob le regaló una túnica de colores a su hijo José. Y sus hermanos tuvieron mucha envidia. ¿Por qué sólo le regalaba cosas a José y no a los demás?

Los hermanos envidiosos

(Génesis 37:18-22)

Y tanta envidia le tenían que pensaron incluso en matarlo. Pero al final idearon otro plan, un día que José venía a buscarlos...

¿Sabes que es la envidia? ¿Crees que es buena?

Venden a José

(Génesis 37:21-28)

...Lo tomaron
y lo lanzaron
a un pozo.

¿Te imaginas lo triste que se puso José dentro de aquel pozo?

Y lo sacaron del pozo para venderlo a unos comerciantes de esclavos que lo llevaron hasta Egipto. Y los hermanos de José le dijeron a su padre que una bestia se lo había comido.

¿Qué iba a pasar con José?

Potifar compra a José

(Génesis 37:36)

Y un hombre egipcio
que se llamaba Potifar lo compró
para que hiciera de esclavo
en su casa.

¿Piensas que era justo lo que le estaba pasando a José?

José en la cárcel injustamente

(Génesis 39:6-20)

Y José fue tan bueno con Potifar que lo nombró jefe de todos sus negocios. Pero la mujer de Potifar mintió y dijo que José había hecho una cosa muy mala que no era verdad.

¿Te gusta que digan mentiras sobre ti?

Potifar se puso furioso y lo hizo encerrar en la cárcel. ¡Pobre José, él era totalmente inocente!

¿Sabes que aunque José lo estuviera pasando muy mal, Dios tenía un plan para él?

Un sueño malo

(Génesis 40:16-22)

En la cárcel José interpretó el sueño a dos de sus compañeros. A un panadero, que soñó cómo unos pájaros se comían su pan. José le dijo que ese sueño era malo y que iba a morir. José le dijo la verdad.

¿Piensas que siempre hay que decir la verdad?

Un sueño bueno

(Génesis 40:16-18)

El copero del rey había soñado en cambio una cosa buena, y José le dijo que volvería en breve a servir al Faraón. Y que cuando lo hiciera se acordara de él.

¿Crees que el copero se puso contento al saber esto?

El sueño de Faraón

(Génesis 41:1-36)

En ese tiempo, Faraón tuvo un sueño muy raro. Siete vacas flacas se comían a siete vacas gordas. Y nadie pudo saber qué significaba eso.

¿Quién crees que podía ayudar a Faraón a entender este sueño?

Pero José le explicó a Faraón lo que significaba: Habría siete años con mucha comida y después siete años sin comida, con mucha pobreza.

¿Quién daba el poder a José para interpretar los sueños?

José, el segundo al mando en Egipto

(Génesis 41:37-57)

El Faraón se puso tan contento al oír esto que nombró a José como el segundo que mandaba más en Egipto. Y le regaló un anillo que sólo se regala a los reyes.

¿Te das cuenta que Dios tenía un plan para José?

Faraón guardó comida durante los siete años de riqueza, para que no hubiera hambre en Egipto en los siete años de pobreza.

Los hermanos de José van a buscar comida a Egipto

(Génesis 42:1-5)

¿Qué pasaría cuándo los hermanos de José se encontraran con él en Egipto?

Durante los siete años de pobreza la familia de José, que estaba lejos de Egipto, pasó mucha hambre, tan mal lo pasaron que sus diez hermanos fueron a buscar comida al reino del Faraón. Jacob se quedó en casa esperándolos con su hijo pequeño Benjamín.

Los hermanos de José se arrodillan frente a él

(Génesis 42:6-7)

¿Te das cuenta que el sueño de José se estaba cumpliendo? ¡Todos los hermanos postrándose ante él!

Los hermanos llegaron a Egipto
y le pidieron comida al ayudante del Faraón.
¡Era José, su hermano, con el que se habían
portado tan mal! Pero no lo reconocieron.
Se arrodillaron para suplicarle que
les diera algo.

José se descubre

(Génesis 45:1-8)

Cuando el ayudante del Faraón se descubrió y sus hermanos vieron que era José, se quedaron muy sorprendidos y tuvieron miedo de que José quisiera castigarlos por lo que habían hecho. Pero José los había perdonado.

¿Sabes que siempre hay que perdonar cuando te hacen cosas malas?

José y Jacob se reencuentran

(Génesis 45:9-15)

José pidió a sus hermanos que le trajeran a su padre Jacob y a su hermano Benjamín, y así lo hicieron.

¿Te imaginas lo contento que se puso Jacob al ver a José?

Un Faraón cruel

(Éxodo 1:8-14)

Mucho tiempo después que José muriera, un rey malvado convirtió a todos los israelitas en esclavos. Y los trataba muy mal y les hacía trabajar en condiciones horribles.

¿Por qué crees que el nuevo Faraón era tan malo?

El bebé Moisés

(Éxodo 1:22-2:4)

Tan malo era, que decidió que todos los niños israelitas que nacieran debían ser asesinados.
De tal modo que los soldados egipcios se pusieron a buscar a todos los bebés para matarlos.
¡Qué terrible!

Una mujer israelita tuvo un hijo al que llamó Moisés. ¡Pero estaba muy preocupada! ¡Si lo descubrían los hombres del Faraón lo matarían! Así que decidió salvarle la vida poniéndolo en una cesta en el río.
¿Qué crees que le pasaría al bebé en ese río?

La princesa cuida del bebé

(Éxodo 2:5-10)

Y la cesta con el bebé fue descendiendo por el río, hasta que llegó a un lugar dónde la hija del Faraón se estaba bañando. A la princesa le dio mucha pena ver a ese niño así y decidió quedárselo y criarlo ella.

¿Qué harías si te encontraras a un bebé en un río?

Y Moisés
fue creciendo en el
palacio, aprendiendo
mucho de los
mejores maestros
de Egipto.
¿Tú también vas a la escuela? ¿Sabes que es
muy importante aprender en el colegio?

Moisés huye

(Éxodo 2:11-25)

Y Moisés se hizo mayor. Y se enfadaba mucho cuando veía que los hombres del Faraón trataban tan mal a su pueblo. Y un día se enfadó tanto que hizo una cosa muy mala contra un egipcio. Y lo vieron y tuvo que huir muy lejos para que no lo pusieran en la cárcel.

¿Dónde iría Moisés?

La zarza ardiente

(Éxodo 3:1-15)

Y estuvo mucho tiempo viviendo en el desierto, hasta que un día se le apareció una zarza ardiendo. ¡Había fuego en la zarza, pero no se quemaba! ¿Sabéis qué era? ¡Era Dios mismo que le habló a Moisés y le dijo que debía volver a Egipto y liberar a su pueblo!

¿Qué harías si vieras una zarza ardiendo?

Moisés y Aarón ante el Faraón

(Éxodo 5:1-5)

Moisés y su hermano Aarón fueron a ver a Faraón para que dejase marchar al pueblo de Israel a su tierra. Pero el Faraón se negó. Moisés le advirtió que si no los liberaba le pasarían cosas muy malas. Pero el Faraón no lo escuchó.

¿Por qué crees que el Faraón no escuchó a Moisés y a Aarón?

Las 5 primeras plagas

(Éxodo 7:14-9:7)

Y las cosas malas empezaron a pasar:
Primero el rio se convirtió en sangre,
después hubo una plaga de ranas y después
una de piojos que picaban a todo el mundo, tras
esta plaga vino una de moscas. ¡Incluso todo
el ganado de Egipto murió! ¡Pero imaginaos
lo tozudo que era el Faraón que ni con estas
plagas liberó al pueblo de Dios!

¿Por qué el Faraón era tan tozudo?

¡Más plagas!
(Éxodo 9:8-11:10)

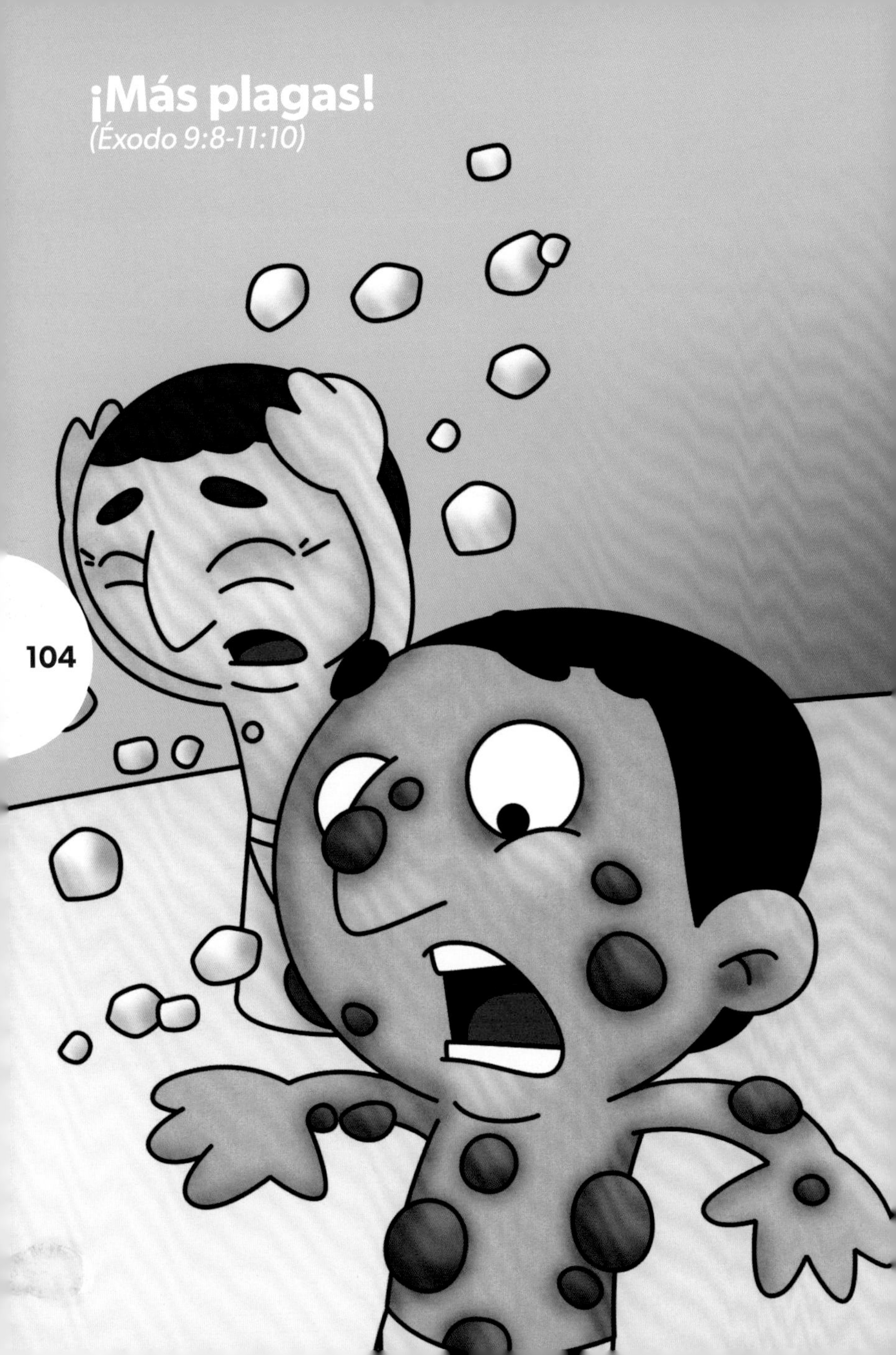

Así que Dios envió más plagas: A los egipcios les salieron todo de llagas por el cuerpo, cayó granizo del cielo que hirió a los egipcios, las langostas asolaron los campos, y el cielo se puso tan negro que no se vio nada. ¡Y ni así Faraón dejó marchar a Israel!

Finalmente, la última de las plagas fue la más dura: Todos los hijos mayores de los egipcios murieron, incluido el hijo de Faraón.

¿Cuántas plagas hubo en total sobre Egipto?

El pueblo de Dios se va de Egipto
(Éxodo 13)

Viendo todas esas desgracias, Faraón les dijo a Moisés y Aarón que se podían marchar con su pueblo.

¿Crees que Moisés se puso contento cuando Faraón los dejó marchar?

Así que Moisés salió con todo su pueblo de Egipto de camino a su tierra. Salieron muchas personas con sus animales. ¡Estaban muy contentos porque habían sido liberados!

¿Sabes cuánta gente salió de Egipto con Moisés? ¡Seiscientas mil personas sin contar a los niños!

Los carros de Faraón

(Éxodo 14:5-14)

Pero el Faraón se arrepintió de haber dejado que Moisés y su pueblo se fueran de Egipto y tomó sus mejores carros y caballos y los persiguió.

Y llegaron ante el Mar Rojo, y los israelitas vieron que los carros del Faraón les perseguían. ¡Qué horror, no tenían escapatoria! ¡A un lado el mar, al otro los temibles egipcios!
Y se enfadaron mucho con Moisés por haberlos llevado hasta allí.

¿Tú también te hubieras enfadado con Moisés?

Las aguas se dividen

(Éxodo 14:15-31)

Pero Dios tenía un plan perfecto. Hizo que Moisés levantara su mano sobre el mar... ¡Y el mar se abrió, quedó dividido y se formó un camino por dónde los israelitas podían pasar!. Y lo cruzaron, pero cuando los hombres del Faraón trataron de cruzarlo el mar volvió a su sitio y se ahogaron.

¿Sabías que aunque a veces parece que no hay salida a tus problemas, Dios siempre tiene la solución?

Los diez mandamientos

(Éxodo 20)

Pasados unos días, Dios le pidió a Moisés que subiera a un monte que se llamaba Sinaí, y allí le dio unas tablas con diez mandamientos. Eran las normas básicas que debían cumplir los hombres si querían que Dios estuviera contento con ellos.

¿Sabes alguno de los diez mandamientos?

40 años en el desierto

(Números 14:26-35)

Pero los israelitas no cumplieron esas leyes, y no paraban de quejarse y no confiaban en Dios, así que Dios los castigó dando vueltas por el desierto durante 40 años.

¿Te quejas cuando algo no sale como esperas? ¿Crees que eso es bueno?

Un hombre valiente

(Josué 1:1-9)

Cuando murió Moisés, Josué fue el encargado de sustituirlo como líder del pueblo. Dios le pidió que se esforzara y fuera muy valiente. ¡Y Josué así lo hizo! Fue el jefe que hizo entrar a los israelitas a su tierra. Demostró confianza en Dios y mucha valentía en todo momento.

Josué y el pueblo entraron a la tierra que Dios les había dado. Vivía allí gente muy mala, pero con la ayuda de Dios los derrotaron. En una ocasión llegaron a una población que tenía unas murallas muy altas y que todo el mundo pensaba que no se podía derrotar: Se llamaba Jericó. Pero Josué tuvo fe y Dios le explicó qué tenía que hacer para derribar los muros de esa ciudad.

¿Te imaginas como eran de altas las murallas de Jericó?

La caída de Jericó

(Josué 6:1-27)

Dios le dijo que tenían que dar una vuelta alrededor de la muralla durante 6 días y que el séptimo día debían dar siete vueltas,

los sacerdotes debían tocar sus trompetas y el pueblo gritar. Y así lo hicieron y a la séptima vuelta que dieron ¡Las murallas cayeron! ¡Dios les había dado la victoria!

¿Te imaginas lo contentos que se pusieron los israelitas al ver caer la muralla?

Rut y Noemí

(Rut 1)

¿Sabías que los amigos siempre están a nuestro lado, aunque pasemos momentos difíciles?

Noemí era una mujer israelita que vivía en una tierra que se llamaba Moab. Sus hijos se casaron con dos mujeres de allí: Orfa y Rut. ¡Pero los hijos de Noemí murieron! Y Noemí decidió volver a su tierra. Orfa quiso quedarse en Moab, pero Rut le dijo que dónde Noemí fuera iría ella. Así que la acompañó a Israel.

Las espigas de Booz

(Rut 2)

Rut y Noemí no tenían mucho dinero, así que Rut fue a recoger espigas en el campo de un familiar de Noemí que se llamaba Booz. Noemí creyó que Booz sería un buen marido para Rut, así que ideó un plan para que se casaran.

La boda

(Rut 3-4)

¡Y el plan funcionó! ¡Booz y Rut se casaron! Y tuvieron un bebé que se llamaba Obed... Obed sería el abuelo del rey más importante y bueno que ha tenido Israel: El rey David.

¿Quieres conocer su historia? ¡Pues sigue leyendo!

David: Un buen pastor

(1 Samuel 16:11)

David era un joven pastor que se dedicaba a cuidar de las ovejas. ¡Era tan buen pastor que cuando venía un oso o un león, las defendía lanzándoles piedras con su honda!

¿Te esfuerzas en hacer tu trabajo lo mejor que puedes? ¿Incluso esos deberes del colegio que no te gustan mucho?

El futuro rey

(1 Samuel 16:1-13)

Un día llegó a casa de David un hombre muy importante que se llamaba Samuel que era juez de Israel. Samuel le dijo que Dios lo había escogido para que fuera rey de Israel muy pronto. ¡David se quedó muy sorprendido! ¡Él era sólo pastor de ovejas!

¿Por qué crees que Dios escogió a ese joven pastor para ser rey?

Un gigante que asusta

(1 Samuel 17:1-24)

Había en esa época unos vecinos de los israelitas que eran muy malos. Se llamaban filisteos y tenían muchas guerras contra el pueblo de Israel.

En el ejército de los filisteos había un gigante muy grande y fuerte que se llamaba Goliat. Tan alto y feroz era, que nadie de entre los israelitas se atrevía a luchar contra él.

¿Te asustarías si un gigante quisiera pelear contra ti?

David y Goliat

(1 Samuel 17:25-58)

Pero David dijo que él lucharía contra ese gigante. Goliat se rio mucho de él... Era sólo un niño y no llevaba ni escudo, ni armas... Sólo unas piedras y una honda. ¿Cómo iba a enfrentarse a él?

¡Pero Dios estaba con David! ¡Y eso era suficiente! David tomó una piedra y la lanzó con su honda en toda la cabeza de Goliat. Y el gigante cayó muerto al suelo. ¡David lo había vencido!

¿Crees que David fue valiente al enfrentarse a Goliat? ¿Tú también lo hubieras hecho?

David perseguido

(1 Samuel 18-23)

Saúl era el rey de Israel en aquel tiempo.
Y David iba a tocar a su casa porque a veces no se encontraba bien y la música lo tranquilizaba.
Pero Saúl empezó a tener mucha envidia de David... Y un día que estaba tocando, Saúl le lanzó una lanza y lo intentó matar.

David huyó lejos, pero los hombres de Saúl lo perseguían de día y de noche. Pero Dios protegía a David y no pudieron atraparlo.
¿Por qué Saúl intentó matar a David?

Dos amigos: David y Jonatán

(1 Samuel 18:1-4)

Saúl tenía un hijo que se llamaba Jonatán. Él y David se hicieron muy amigos. Jonatán sabía que su padre quería matar a David, por eso le ayudó a escapar.

Piensa en tus amigos.
¿Qué es lo que más te gusta de ellos?

El rey David

(2 Samuel 2:1-7; 5:1-5)

Finalmente, David fue rey de Israel. Y aunque tuvo algunos errores, fue un gran rey y Dios dijo de él: Que fue un hombre conforme al corazón de Dios... Eso significaba que Dios estuvo contento con él.

David fue paciente hasta poder ser rey. ¿Tú eres paciente?

Un rey sabio

(1 Reyes 3:4-15)

Cuando murió David, su hijo Salomón pasó a ser el rey de Israel. Salomón quería ser un rey sabio así que un día oró a Dios para que le diera sabiduría.

Y Dios escuchó su oración y lo hizo el hombre más sabio que había en la tierra.

¿Sabes que si quieres algo debes pedírselo a Dios?

Este bebé ¿De quién es?

(1 Reyes 3:16-28)

Un día dos mujeres se presentaron a Salomón discutiendo porque las dos decían que un bebé era suyo. Salomón dijo que lo que haría sería partir al niño en dos y dar una mitad a cada mujer. La madre de verdad, horrorizada, gritó: ¡No, eso nunca, que se lo quede la otra! Y Salomón supo que aquella era la madre. Porque una madre jamás permitiría que se le hiciera eso a su hijo.

¿Crees que Salomón fue listo al solucionar esta situación?

Unos reyes muy malos

(1 Reyes 16:29-33)

Al morir Salomón, el reino de Israel se dividió en dos: Judá e Israel. Y al cabo de un tiempo en Israel llegaron unos reyes muy malos, se llamaban Acab y Jezabel.

¿Sabías que muchos reyes de Israel fueron malos?

Elías da una mala noticia

(1 Reyes 17:1)

Un profeta de Dios que se llamaba Elías fue a ver al rey Acab y le dijo que no habría lluvia en mucho tiempo. Y Acab se enfadó muchísimo.

A veces nos dicen cosas que no nos gustan para que aprendamos a portarnos mejor. ¿Te enfadas cuando te dicen cosas que no quieres oír?

Unos cuervos que dan comida

(1 Reyes 17:3-7)

Elías huyó entonces a un arroyo que se llamaba Querit. Pero allí no había nada que comer ¿Y sabéis quién le traía comida? Los cuervos que Dios le enviaba.

¿Sabes que Dios cuida siempre de nosotros?

Una viuda con fe

(1 Reyes 17:8-15)

Pero pronto no hubo agua en el arroyo y Dios le dijo a Elías que fuera a ver a una mujer. La mujer cocinó para Elías, aunque no tenía mucha comida. Y como había sido buena con Elías, Dios hizo que tuviera harina y aceite para mucho tiempo.

¿Te das cuenta que esa mujer confió en que Dios le daría lo que necesitaba si obedecía a Elías?

Fuego del cielo

(1 Reyes 18:1-40)

Elías se propuso demostrar que su Dios era el único verdadero. Así que le dijo a todos los profetas de los otros dioses que hicieran un altar, y que él haría el suyo. Sobre el altar que cayera fuego del cielo, sería el del Dios de verdad. Los profetas de Baal pusieron su altar, pero nada pasó.

¡Y en cambio
en el altar de Elías
cayó un gran fuego!
¡El Dios de Elías
era el Dios
verdadero!
¿Sabías que Dios tiene poder para hacer
cualquier cosa?

El manto de Elías

(1 Reyes 19:19-21)

En otra ocasión, Elías se encontró a un hombre que se llamaba Eliseo, Elías le puso su manto. Lo que significaba que sería su ayudante y después ocuparía su lugar como profeta de Dios.

¿Sabes que debes respetar a las personas mayores como hizo Eliseo con Elías?

Un carro de fuego

(2 Reyes 2:1-12)

Un día, que Elías y Eliseo estaban andando juntos, un gran carro de fuego con caballos los apartó y un torbellino se llevó a Elías al cielo. Dios se lo había llevado con él al cielo. ¡Imaginaos la cara que puso Eliseo cuando vio esto!

Elías subió al cielo.
¿Cómo te imaginas que debe ser el cielo?

¡Cuánto aceite!
(2 Reyes 4:1-7)

Una mujer le pidió ayuda a Eliseo.
Su marido había muerto y tenía muchas deudas, y querían llevarse a sus hijos como esclavos porque no tenían dinero. Pero Dios hizo un milagro: Hizo que la mujer pudiera llenar un montón de vasijas con un poco de aceite y así pagar a sus deudores.

A veces nos preocupamos mucho por cosas que nos pasan...¿Pero sabes que Dios lo tiene todo bajo control?

Un niño resucita

(2 Reyes 4:8-37)

Otra mujer vino llorando a Eliseo. Su hijo había muerto. Eliseo oró delante del niño y el pequeño estornudó siete veces y volvió a la vida. ¡Qué gran milagro había hecho Dios!

¿Sabes que sólo Dios puede dar vida a las personas?

La curación de Naamán

(2 Reyes 5:1-14)

Un hombre muy importante
de Siria estaba muy enfermo.
Se llamaba Naamán y fue a ver
a Eliseo para ver si
podía curarlo.

Eliseo le dijo que se bañara siete veces en el río Jordán y se curaría. A Naamán no le gustó la idea, pero finalmente lo hizo. ¿Y sabes qué pasó? ¡Se curó completamente!

¿Sabes que incluso la gente más importante necesita a Dios?

Una reina muy guapa

(Ester 1-2)

Durante un largo tiempo, el pueblo de Dios fue llevado a Babilonia. En ese tiempo el rey de Persia dominaba Babilonia, y había allí una mujer israelita muy guapa que se llamaba Ester. Era tan bella que el poderoso rey decidió que Ester sería su mujer.

¿Te imaginas lo guapa que debía ser Ester?

Amán contra los israelitas

(Ester 3)

Pero uno de los hombres de confianza del rey era muy cruel. Se llamaba Amán y quería matar a todos los israelitas del reino.

¿Por qué Amán quería matar a todos los israelitas?

Ester ayuda a su pueblo

(Ester 4-9)

Ester al ver lo que quería hacer Amán se asustó mucho. ¡No quería que nada malo le pasara a su pueblo! Así que aunque sabía que era arriesgado, hablaría con el rey para que no le hiciera nada malo a su pueblo.

¿Crees que el rey escucharía a Ester o se enfadaría con ella?

Así que Ester le suplicó al rey que no matara a su pueblo. El rey la escuchó y liberó al pueblo de Israel de la muerte.
¿Tú hubieras hecho lo mismo que Ester?

La dieta de Daniel

(Daniel 1)

Cuando el pueblo de Dios fue llevado a Babilonia, había entre ellos un hombre llamado Daniel. Junto con tres amigos suyos lo llevaron a servir al rey. Y allí les dieron de comer cosas que no podían tomar. Y Daniel y sus amigos se negaron y comían lo que les mandaba Dios... ¿Y sabéis qué? ¡Comiendo eso estaban más fuertes que los otros siervos!

¿Qué debían pensar los compañeros de Daniel al ver que comía otras cosas y estaba más sano?

Un horno con fuego

(Daniel 3)

Un día el rey de Babilonia, mandó a todo el mundo que adorara a una estatua de oro.
Pero los tres amigos de Daniel, que se llamaban Sadrac, Mesac y Abed Nego, dijeron que no la adorarían. ¡Ellos sólo adoraban a Dios!
El rey se enfadó mucho y los lanzó a un horno lleno de fuego.

¿Te asusta el fuego?
¿Hubieras arriesgado tu vida para Dios?

Pero Dios mandó a una persona dentro del horno para salvarlos. Y los tres amigos no se quemaban. ¡Andaban por dentro del horno de fuego sin sufrir ningún daño!

El rey mandó entonces sacarlos del horno. ¡Dios salvó a estos hombres que confiaron en Él!

¿Has visto que Dios puede hacer los milagros más increíbles?

Prohibido orar

(Daniel 6:1-10)

Daniel tenía la costumbre de orar tres veces al día. Pero había unos hombres que querían eliminar a Daniel. Y redactaron un informe que prohibía orar a Dios, quien desobedeciera sería echado al foso de los leones.

Pero Daniel no hizo caso a ese informe. Y siguió orando tres veces al día. Y con las ventanas abiertas. Porque sabía que Dios era mucho más poderoso que aquellos que querían hacerle daño.

¿Por qué Daniel siguió orando si lo habían prohibido?

Unos leones con hambre

(Daniel 6:11-28)

Y por no obedecer a esa ley el rey tuvo que echarlo al foso de los leones. Y los animales estaban hambrientos y fueron a comerse a Daniel...

¿Tú pasarías miedo si te echaran en medio de unos leones hambrientos?

Pero cuando iban a comérselo, apareció un ángel enviado por Dios y se puso delante de los leones. Y los leones no le hicieron nada a Daniel. ¡Así Dios libró a Daniel de esas terribles fieras!

¿Te das cuenta que tenemos un Dios muy poderoso que nos protege de todo?

Jonás desobedece

(Jonás 1:1-3)

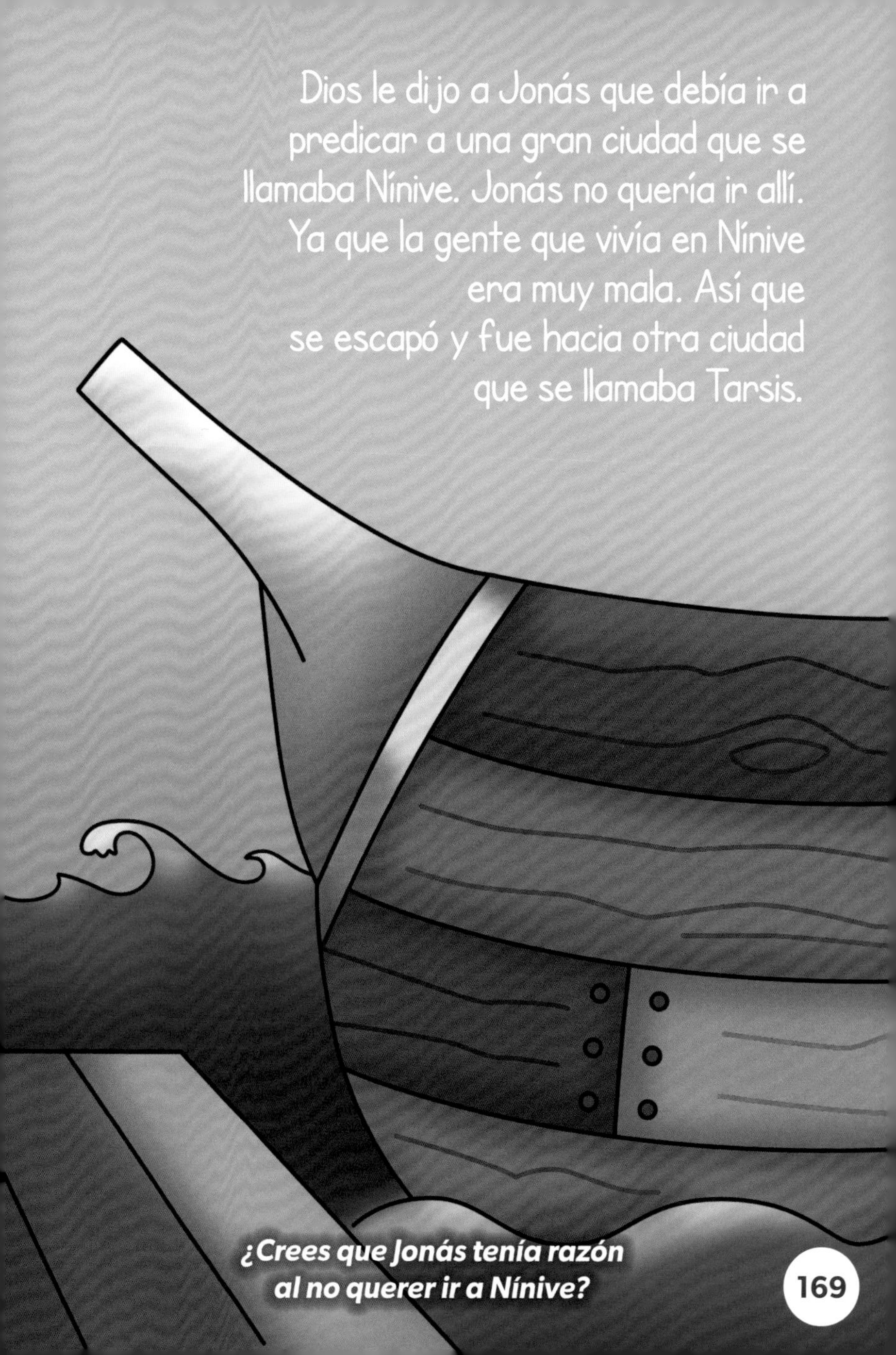

Dios le dijo a Jonás que debía ir a predicar a una gran ciudad que se llamaba Nínive. Jonás no quería ir allí. Ya que la gente que vivía en Nínive era muy mala. Así que se escapó y fue hacia otra ciudad que se llamaba Tarsis.

¿Crees que Jonás tenía razón al no querer ir a Nínive?

Una gran tempestad

(Jonás 1:4-6)

Jonás había desobedecido a Dios. Y mientras navegaba en un barco hacia Tarsis, Dios mandó una gran tormenta.

¿Te gustan las tormentas?

Los marineros se asustaron mucho porque la tormenta era muy fuerte. Jonás les dijo que había desobedecido a Dios y que por eso había venido esa tempestad.

Jonás se había dado cuenta que se había equivocado. ¿Tú reconoces que te has equivocado cuando haces algo que no está bien?

¡Al agua!

(Jonás 1:7-16)

Así que los marineros decidieron echarlo al agua.

Cuando Jonás cayó al agua, la tormenta fue desapareciendo. ¿Pero qué haría Jonás en medio del mar? ¡Se acabaría ahogando!

¿Te imaginas estar en medio del mar solo? ¡Qué miedo!

El gran pez
(Jonás 1:17)

¡Y cuando se estaba hundiendo vino un gran pez y se lo tragó!

¿Qué crees que le pasaría a Jonás?

Dentro del gran pez

(Jonás 2:1-10)

Y dentro del pez Jonás oró a Dios, pidiéndole perdón y diciéndole que si lo liberaba haría lo que Él le dijera.

¿Cuándo te encuentras en algún problema oras a Dios pidiéndole ayuda?

Y pasados
tres días y tres noches,
el pez escupió a Jonás
en una playa.

¿Sabes que Dios siempre responde a nuestras oraciones, aunque a veces no lo veamos?

Jonás predica en Nínive

(Jonás 3)

Y Jonás fue a Nínive tal y como le había mandado Dios. Y les dijo a sus habitantes que dejaran de hacer lo malo y que siguieran a Dios. ¡Y muchos lo hicieron!

Si Dios te manda algo, debes obedecerle siempre. ¡Él tiene grandes planes para ti!

Nuevo Testamento

El Nuevo Testamento

es la segunda parte de la Biblia.

¿Y sabes qué se nos explica aquí?

La historia del Hombre más increíble que
puedas conocer: Jesús de Nazaret.

Si lees su historia verás las aventuras que pasó,
los milagros que hizo, todo lo que nos enseñó y lo
mucho que sufrió para
salvarnos a todos.

¿Y sabes qué es lo mejor?

¡Que Jesús quiere ser tu amigo hoy,
y ayudarte cada día! ¿Quieres saber cómo?

Pues pasa esta página
y empieza a leer su maravillosa historia.

¡Qué sorpresa, María!

(Lucas 1:26-38)

Un ángel se apareció a una joven de Nazaret llamada María. Y le dijo que tendría un bebé muy especial: Jesús, El Hijo de Dios.

¿Qué harías si un ángel se te apareciera? ¿Te asustarías?

¡Aquí no hay sitio!

(Lucas 2:6-7)

María estaba a punto de tener al bebé. Y ella y su marido José estaban en Belén y en el mesón no había lugar para ellos. ¿Qué harían entonces? ¿Dónde iba a nacer al bebé?

¿Dónde creéis que nació el Hijo de Dios?

Jesús nace en un pesebre

(Lucas 2)

María y José
fueron a un pesebre,
rodeado de animales.
Y allí nació Jesús,
el Hijo de Dios.

¿Por qué crees que Dios quería que Jesús naciera en un pesebre?

Pastores y ángeles

(Lucas 2:8-14)

Había cerca de Belén unos pastores.
Y unos ángeles se les aparecieron y les cantaron diciéndoles que el Mesías, el Salvador del mundo, había nacido.

¿Quiénes fueron los primeros en saber que el Salvador había nacido?

Los pastores adoran al bebé

(Lucas 2:15-20)

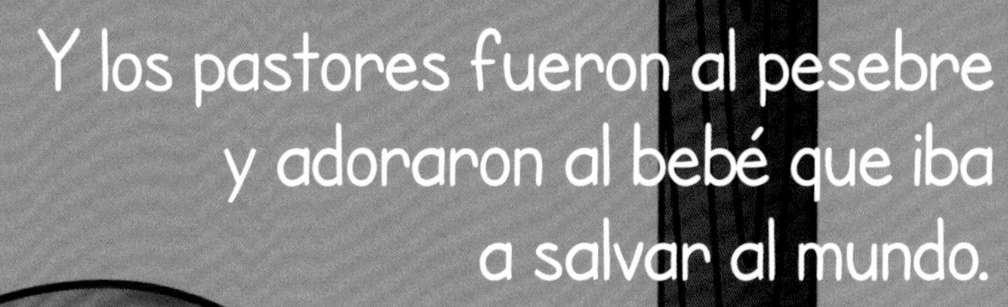

Y los pastores fueron al pesebre
y adoraron al bebé que iba
a salvar al mundo.

***¿Qué habrías hecho tú
al ver al bebé en el pesebre?***

Unos sabios de oriente

(Mateo 2:1-12)

Al cabo de un tiempo,
unos sabios de oriente
visitaron a Jesús
y le trajeron regalos:
Oro, incienso y mirra.

¿A ti también te gusta recibir regalos?

El bautismo de Jesús

(Mateo 3:13-17)

Cuando Jesús se hizo mayor, fue bautizado en el Jordán por Juan el Bautista. En su bautismo el Espíritu de Dios descendió en forma de paloma y se oyó la voz de Dios que decía: “Este es mi Hijo y estoy muy contento de Él”

¿Sabías que si creemos en Jesús debemos bautizarnos?

Jesús es tentado

(Mateo 4:1-4)

El diablo
trató de tentar a Jesús
en el desierto, pero Jesús
no cayó en ninguna
de sus trampas.

Una tentación es cuando quieres hacer algo que está mal. ¿Alguna vez te ha pasado?

Los doce discípulos

(Lucas 6:12-16)

198

Jesús tenía mucho trabajo que hacer.
Por eso escogió a doce seguidores
para que lo ayudaran y los llamó discípulos
o apóstoles. Estos son los doce que escogió:

¿ A ti también te gustaría ayudar a Jesús?
¡Pues puedes! ¡Sólo debes hacer lo que te pida!

¿Unas bodas sin vino?

(Juan 2:1-12)

Jesús fue a una fiesta. ¡Y se acabó el vino! ¡Eso en esa época era algo muy malo! Pero Jesús hizo un milagro y convirtió el agua en vino. ¡Y todos estuvieron muy contentos!

¿Te gusta pasártelo bien?
¡A Jesús también, por eso hizo este milagro!

El Sermón del Monte

(Mateo 5-7)

Jesús explicaba muchas cosas sobre Dios
y sobre cómo debíamos portarnos.
Una vez mucha gente lo siguió a una
montaña para escuchar sus enseñanzas.
A esas lecciones se les llamó:
El Sermón del Monte.

¿Quieres conocer las enseñanzas de Jesús?
Sólo debes leer la Biblia para conocerlas.

Jesús sana a un niño

(Juan 4:46-51)

Un día un centurión del ejército vino a Jesús y le dijo que uno de sus ayudantes estaba muy enfermo y que sólo Jesús podía curarlo. ¡Y Jesús sólo diciendo una palabra lo sanó!

¿Sabías que Jesús tiene poder para sanar cualquier enfermedad?

Jesús resucita a la hija de Jairo

(Marcos 5:22-43)

206

Otro día un hombre muy bueno
que se llamaba Jairo se acercó a Jesús
muy triste. Su hija acababa de morir.
¿Y sabes que hizo Jesús?
Fue a su casa, tomó
la mano de la niña.
¡Y la pequeña
resucitó!

***¿Sabías que Jesús siempre escucha lo que
le pedimos? Aunque a veces nos diga que no,
Él está atento a lo que le decimos.***

Unos buenos amigos

(Lucas 5:17-26)

Jesús sanaba a muchos enfermos. Una vez unos hombres bajaron a un paralítico por el techo para que Jesús lo curara. ¡Y Jesús lo sanó!

¿Qué harías tú por un amigo?

El milagro de los panes y los peces

(Juan 6:1-14)

A Jesús lo seguía mucha gente. En una ocasión muchos de los que lo habían acompañado tenían mucha hambre, y no tenían con qué darles de comer. Entonces Jesús multiplicó dos peces y cinco panes que le había dado un muchacho. ¡Y dio de comer a más de 5000 personas!

¿Sabes que Jesús conoce siempre nuestras necesidades?

Jesús anda sobre el mar

(Marcos 6:45-53)

Más tarde, los discípulos subieron a una barca y una gran tormenta los sorprendió. Estaban muy asustados. ¡Pero Jesús vino andando sobre la mar! Al verlo los discípulos tuvieron miedo porque pensaron que era un fantasma. Pero Jesús les dijo: "No tengáis miedo que soy yo".

¿Te imaginas poder andar sobre el mar? ¡Jesús lo hizo!

Jesús y los niños

(Lucas 18:15-17)

A Jesús le gustaban mucho los niños
y les contaba muchas historias.
Jesús dijo: "Dejad a los niños
venir a mi porque de ellos
es el Reino de los cielos".
¿Sabes que Jesús quiere ser tu amigo?
¡Él ama mucho a los niños!

Un hombre muy bajito

(Lucas 19:1-10)

Zaqueo era un
recaudador de impuestos que
había robado a muchas personas.
Era muy bajito y se subió a un
árbol para poder ver a Jesús.
Al verlo Jesús le dijo que bajara
que iba a comer a su casa.
¡Jesús lo impactó tanto que Zaqueo
devolvió el dinero a todos los que
había robado!

¿Qué hubieras hecho tú para poder ver a Jesús?

Jesús sana a un ciego

(Marcos 10:46-52)

Jesús se encontró con un hombre ciego que se llamaba Bartimeo. ¿Y sabes qué hizo? ¡Lo curó y el ciego pudo ver todo lo que le rodeaba!

¿Qué crees que sintió Bartimeo al poder ver todo?

La oveja perdida

(Lucas 15:3-7)

Jesús contó una historia de un pastor que dejó a 99 ovejas para ir a buscar a una oveja que se había perdido. Jesús es el buen pastor, que le importas tanto, que deja todo para venir a buscarte.

¿Sabes que eres muy importante para Jesús?

Un hijo malgasta el dinero de su padre

(Lucas 15:11-13)

Jesús contó otra historia. Un joven le pidió a su padre su parte de la herencia.

¿Crees que el padre estuvo contento de que su hijo le pidiera la herencia?

Y se marchó de casa y gastó todo el dinero en cosas malas, con amigos que sólo lo querían porque era rico.

¿Sabes que los amigos verdaderos te querrán por lo que tú eres y no por lo que tienes?

El padre que espera a su hijo
(Lucas 15:14-32)

Pero el dinero se le acabó y se quedó totalmente solo. Como no tenía dinero tuvo que trabajar cuidando cerdos. ¡Ese era el peor de los trabajos!

¿Sabías que para los judíos el cerdo es un animal malo?

Y decidió volver a casa de su padre. Él pensaba que su padre estaría muy enfadado con él. ¡Pero lo estaba esperando y al verlo lo abrazó y le preparó una gran fiesta!

¿Sabías que Dios es como el padre de esta historia que siempre te está esperando para recibirte con los brazos abiertos?

Jesús resucita a su amigo

(Juan 11:1-44)

Jesús tenía un amigo
que se llamaba Lázaro.
Lázaro se puso muy enfermo
y murió. Jesús lo quería tanto
que lloró cuando supo que había
muerto. Pero Jesús fue hasta
su tumba. ¡Y lo resucitó
de los muertos!
¿Tú lloras cuando estás triste?
¡Jesús también lloró!

10 enfermos piden ayuda a Jesús

(Lucas 17:11-14)

Jesús hacía muchos milagros y curaba a mucha gente de sus enfermedades.

Una vez 10 personas que tenían una enfermedad muy mala que se llamaba lepra, fueron a pedirle que los curara.

¿Sabes que te ocurra lo que te ocurra siempre le puedes pedir a Jesús que te ayude?

Un hombre agradecido

(Lucas 17:15-19)

Y Jesús los curó a todos. Pero sólo uno se volvió para darle las gracias a Jesús por haberle sanado. ¡Los demás ni se volvieron! ¡Fueron unos desagradecidos!

Jesús te lo ha dado todo... ¿Le das las gracias cada día por lo que hace por ti?

Unos hombres falsos

(Lucas 11:37-53)

Había en la época de Jesús unas personas que sólo se preocupaban en aparentar que eran buenas. ¡Pero eran muy falsas! Se llamaban fariseos. Y Jesús discutió muchas veces con ellos porque enseñaban unas cosas y después no las hacían de corazón.

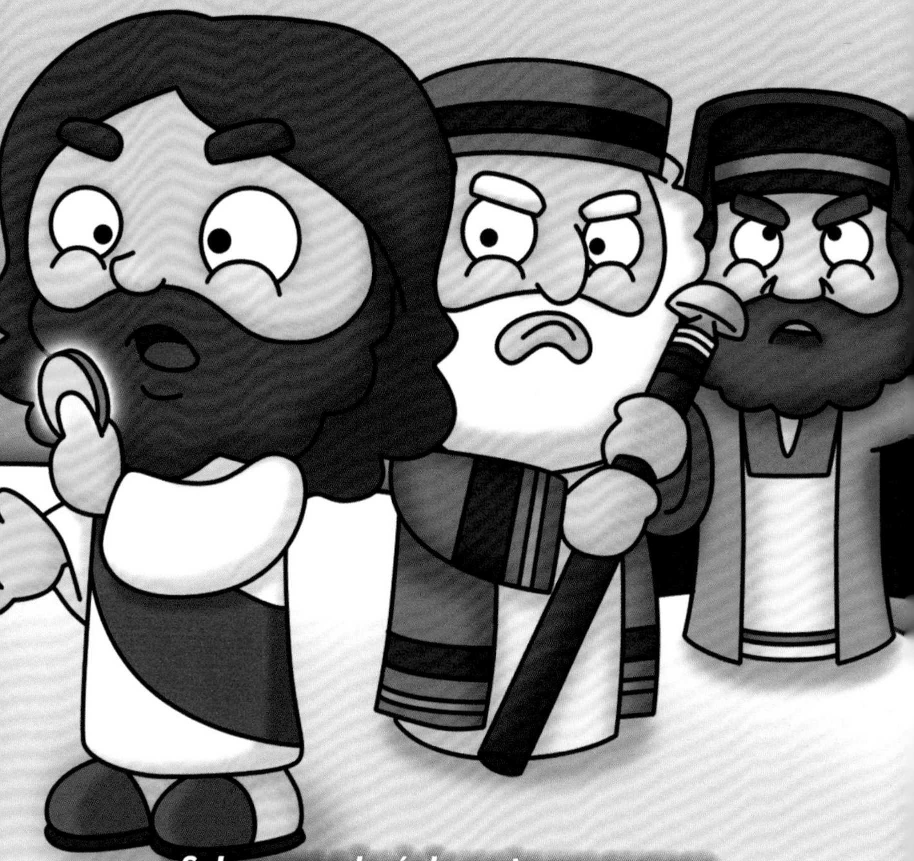

¿Sabes que a Jesús le gusta que seamos siempre sinceros?

Jesús entra en Jerusalén como un rey

(Lucas 19:36-38)

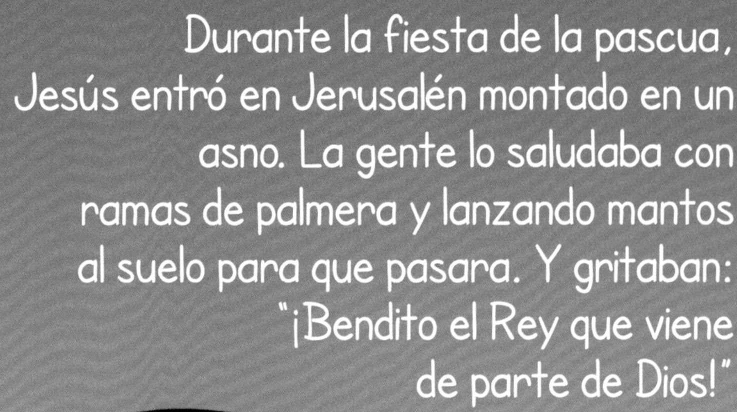

Durante la fiesta de la pascua, Jesús entró en Jerusalén montado en un asno. La gente lo saludaba con ramas de palmera y lanzando mantos al suelo para que pasara. Y gritaban: "¡Bendito el Rey que viene de parte de Dios!"

¿Por qué crees que Jesús escogió un asno para entrar en Jerusalén?

Jesús lava los pies a sus discípulos

(Juan 13:1-7)

¿Ayudas y sirves a tus amigos? ¿Cómo lo haces?

Jesús enseñó a sus discípulos que nos tenemos que ayudar los unos a los otros. Así que les lavó los pies, para enseñarles que todos debemos ayudarnos y que nadie es más importante que otro.

La última cena de Jesús

(Mateo 26:26-29; 1 Corintios 11:23-25)

Una noche Jesús se reunió con sus doce discípulos y partió pan y se lo dio, les dio también vino. Y les dijo que cuando ya no estuviera con ellos partieran pan y tomaran vino para recordarlo. Porque Jesús sabía que pronto iba a ser asesinado.

¿Por qué crees que Jesús quiere que le recordemos siempre?

Jesús pide ayuda

(Marcos 14:32-42)

Después de la cena, Jesús y tres de sus discípulos fueron a un huerto que se llamaba Getsemaní. Jesús se puso a orar a Dios, para pedirle fuerzas por lo que pronto le iban a hacer. Los otros tres discípulos, aunque tenían también que estar orando, se quedaron dormidos.

¿Cuando estás muy triste buscas ayuda en Dios?

Judas traiciona a Jesús

(Mateo 26:45-56)

Después de orar, llegaron un montón de hombres con antorchas y palos. Y delante de ellos iba Judas, uno de los discípulos de Jesús. Y le dio un beso. ¡Era la señal de que debían detener a Jesús! ¡Judas había traicionado a Jesús porque le habían dado mucho dinero para hacerlo!

¿Cómo crees que se sintió Jesús al ser traicionado por un amigo?

La injusta decisión del pueblo

(Lucas 22-52-23;25)

Jesús fue arrestado y llevado a casa del gobernador romano que se llamaba Pilato. Aunque Pilato creía que Jesús no había hecho nada malo, dio a escoger al pueblo si querían castigar a Jesús o no. ¡Y los hombres del pueblo dijeron que querían que Jesús muriera en una cruz!

¿Por qué crees que el pueblo quería que Jesús muriera si era inocente?

¡Jesús es crucificado!
(Mateo 27:27-56)
246

A Jesús le pusieron una corona de espinas y se burlaron de Él. Finalmente lo clavaron en una cruz. A su lado pusieron dos ladrones. Y Jesús finalmente, sufriendo mucho, murió en esa horrible cruz.

¿Qué pasaría ahora? ¡Jesús había muerto!

La tumba de Jesús

(Lucas 23:50-56)

Un hombre muy rico que
se llamaba José de Arimatea
dejó que enterraran a Jesús en una
tumba vacía que tenía.

Así que envolvieron el cuerpo con unas vendas y lo pusieron en la tumba. Todo el mundo creía que Jesús había muerto para siempre. Y sus amigos estaban muy tristes.

¿Sabías que delante de la tumba de Jesús pusieron una piedra muy grande?

¡Jesús resucita!

(Juan 20:1-10)

Pero escucha bien esto, porque es muy importante: Al tercer día de estar muerto, Jesús resucitó, volvió de la muerte. Sí, como lo oyes: ¡Jesús había vencido a la muerte!

¿Por qué crees que es tan importante que Jesús resucitara?

¡Jesús está vivo!

(Mateo 28:1-10)

Ese domingo, dos mujeres que se llamaban María, fueron a visitar la tumba de Jesús.

¡Y qué gran sorpresa! La tumba estaba vacía y un ángel les dijo que Jesús había resucitado. Más tarde Jesús se les apareció en el camino, y ellas se pusieron muy contentas. ¡Jesús estaba vivo!

¿Qué hubieras hecho si te hubieras encontrado con Jesús resucitado? ¿Lo hubieras creído?

Jesús se aparece a sus discípulos

(Lucas 24:33-49)

Una noche que estaban los discípulos reunidos Jesús se les apareció. Y les demostró que era Jesús enseñándoles las heridas de sus manos y sus pies. ¡Era verdad lo que decían! ¡Jesús se había levantado de la muerte!

¿Te acuerdas qué discípulo necesitó tocar las heridas de Jesús para creer que había resucitado?

Jesús regresa al cielo

(Lucas 24:50-53)

Tras aparecerse a sus discípulos, Jesús les dijo que debía volver con su padre. Y los discípulos, asombrados, vieron cómo se marchaba hacia el cielo. Pero Jesús les dijo que no estuvieran tristes, muy pronto recibirían al Espíritu Santo.

¿Dónde está Jesús ahora?

Viene el Espíritu de Dios

(Hechos 2:1-4)

Poco después que Jesús volviera al cielo, sus amigos estaban reunidos en una casa. Y se oyó un fuerte viento y después les aparecieron como lenguas de fuego sobre sus cabezas. ¡Era el Espíritu de Dios que Jesús les había prometido!

¿Sabes que a partir de ese momento los discípulos hicieron cosas milagrosas?

Todos entienden lo que dicen

(Hechos 2:5-42)

Y todos empezaron a hablar lenguas diferentes. Había en Jerusalén gente de muchas partes del mundo, que hablaba idiomas diferentes.

Pero los discípulos empezaron a predicar de tal modo que todos los que los oían, hablaran la lengua que hablaran, los entendían. ¡Qué gran milagro!

¿Te hubiera gustado hablar en un idioma y que todo el mundo te entendiera?

Los primeros cristianos

(Hechos 4:32-37)

Y mucha gente empezó a creer que Jesús era el Hijo de Dios y el Salvador del mundo. Así que empezaron a reunirse en casas y lo compartían todo.

¿Tú compartes lo que tienes?

Esteban es asesinado

(Hechos 7)

Uno de los que creyó en Jesús se llamaba Esteban. Y era un hombre muy bueno. Pero a muchas personas no les gustaban nada los cristianos, y decidieron matar a Esteban tirándole piedras. Esteban murió, pero antes de morir vio cómo Jesús le estaba esperando en el cielo.

¿Sabes que aunque a veces nos pasen cosas malas Dios siempre está con nosotros?

Jesús se aparece a Saulo
(Hechos 9:1-31)

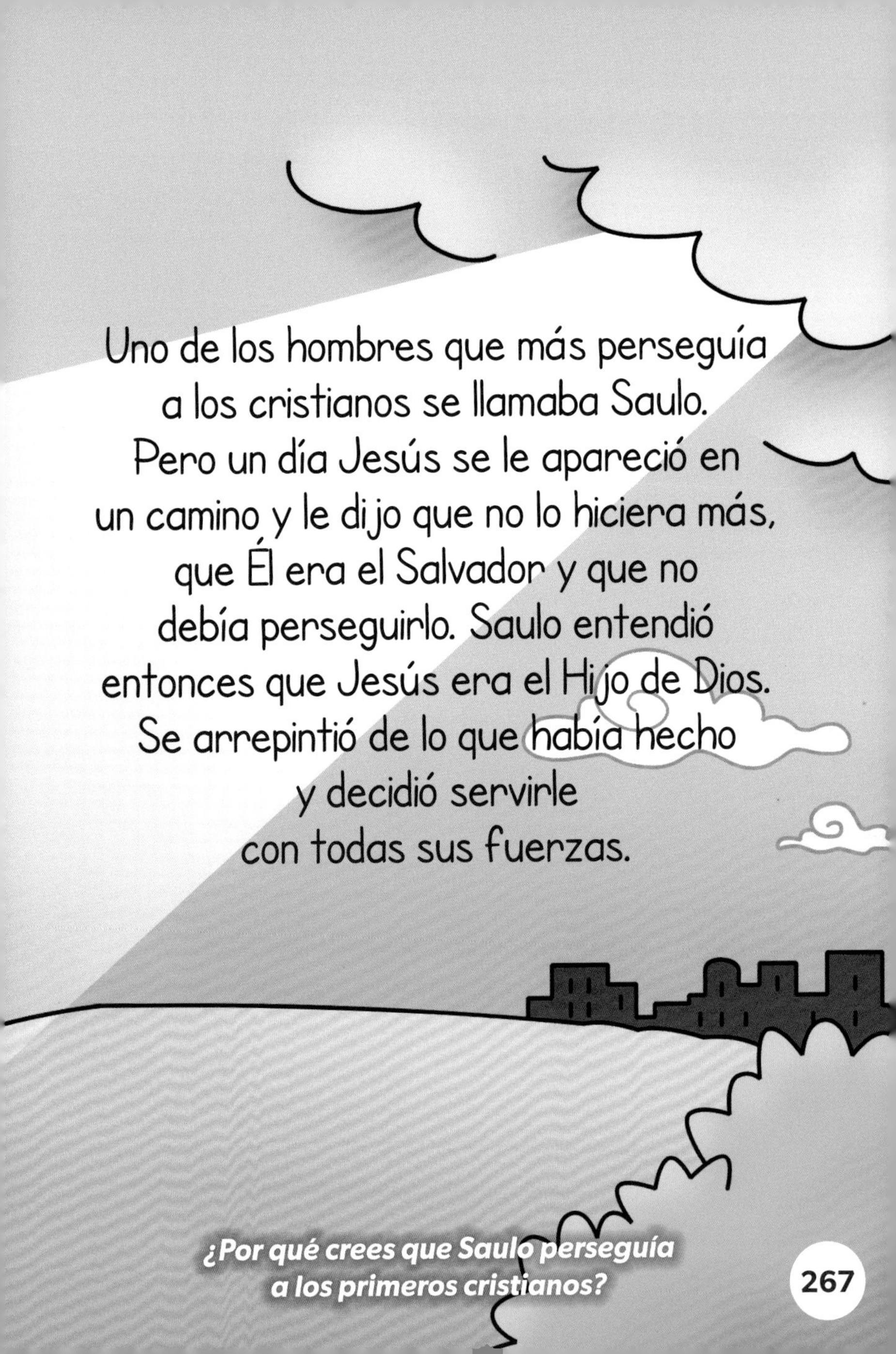

Uno de los hombres que más perseguía
a los cristianos se llamaba Saulo.
Pero un día Jesús se le apareció en
un camino y le dijo que no lo hiciera más,
que Él era el Salvador y que no
debía perseguirlo. Saulo entendió
entonces que Jesús era el Hijo de Dios.
Se arrepintió de lo que había hecho
y decidió servirle
con todas sus fuerzas.

¿Por qué crees que Saulo perseguía a los primeros cristianos?

Los viajes de Pablo

(Hechos 13-28)

Después de convertirse Saulo, al que luego llamarían Pablo, hizo un montón de viajes predicando las buenas noticias de Jesús.

Sufrió muchas aventuras: Naufragó, lo intentaron matar varias veces, lo pusieron en la cárcel... Pero mucha gente supo de la gran salvación de Jesús a través de sus palabras.

¿Te hubiera gustado viajar con Pablo, hablando de Jesús a todo el mundo?

Las cartas de Pablo

Pablo también escribió muchas cartas, que nos explican cómo es Dios, lo que hizo Jesús por nosotros, y cómo debemos comportarnos cuando hemos creído en Él. Estas cartas las puedes leer hoy en la Biblia, el libro más maravilloso que jamás se ha escrito.

¿Te acuerdas del nombre de alguna de las cartas de Pablo?

conclusión

¿Te ha gustado esta aventura a través del libro que Dios escribió para todos nosotros?

Tienes que saber que todas las historias que has leído sucedieron de verdad. Y que en cada una de ellas hay grandes enseñanzas para tu vida.

Dios quiere que leas cada día la Biblia, pues es la manera que Él tiene de hablarte. Si aún no sabes leer pídele a alguien mayor que te cuente sus historias. Además de pasártelo muy bien, irás sabiendo más cosas de Dios. ¡Porque Dios quiere que le conozcas!

También es importante que ores cada día. Dale gracias a Dios por todo lo que te da, y pídele todo aquello que necesites. ¡A Dios le encanta oírte! ¡Y le gusta mucho que le cuentes tus cosas!

En la Biblia hay muchos episodios maravillosos.
¿Y sabes por qué Dios escribió todos estos relatos?
Para que conociéramos que Él nos ama tanto que aunque nosotros nos portemos mal mandó a su Hijo para morir por cada uno de nosotros.

Él fue castigado por todo lo malo que hacíamos nosotros. Pero como has visto no se quedó en la tumba, sino que resucitó.

Este es el mensaje más importante de la Biblia. Y por el que fueron escritas todas las demás historias. Es una gran historia de amor que Dios escribió para ti y para todos los niños y mayores del mundo.

Esperamos que hayas disfrutado leyendo las historias de esta Biblia, y que no dejes nunca de leer la maravillosa Historia de Dios para los hombres.

El plan de Dios
para todos

En el principio Dios creó a Adán y Eva para que pudieran vivir felices junto a Él en el jardín del Edén. Pero Adán y Eva decidieron no obedecer a Dios y comieron de la fruta prohibida.

Así que Dios, que es justo, tuvo que sacarlos del Jardín y quedaron separados de Dios. Desde ese momento, hombres y mujeres no dejaron de hacer cosas que no estaban bien, apartándose más y más de Dios.

Y aún hoy
todos hacemos cosas
que no le gustan a Dios.
Cosas que nos apartan de Él.

Pero Dios
nos quiere tanto
que envió a su Hijo Jesús a la tierra...

Para morir en una cruz y pagar así por todo lo que no hemos hecho bien. Él fue castigado por ti y por mí.

¿Crees que alguno de tus amigos dejaría que le castigaran por una cosa mala que has hecho tú?

Pues Jesús, aunque no hizo nada malo, fue a esa cruz para morir. Pero al tercer día resucitó y ahora está en el cielo con su Padre.

Dios quiere que sepas que tú muchas veces no haces las cosas bien. Todos nos equivocamos.

Ora a Dios y pídele perdón por todas esas cosas que no deberías hacer y dale muchas gracias porque Jesús ya pagó por ellas. Él te ha dado la salvación.

Jesús es tu amigo

y te lo ha demostrado muriendo por ti.
Sólo debes creerlo.